LE SUCRÉ

Chefclub® NETWORK

LE SUCRÉ

CHEFCLUB
ÉDITIONS

SOMMAIRE

INTRODUCTION

Quel plaisir d'arriver au dessert !
Quand nous avons décidé de publier notre livre *Chefclub Le Best of : 45 recettes salées à partager*, jamais nous n'aurions imaginé avoir la chance de publier un deuxième livre. Mais quelle frustration pour nous de conclure ce repas entamé ensemble sans présenter sur la table les tartes, gâteaux et autres douceurs Chefclub... Alors, quand vous avez exprimé cette même frustration gourmande à travers vos nombreux messages, nous avons évidemment été touchés et on ne peut plus ravis de se remettre au travail sur ce nouvel ouvrage !

Le livre et les vidéos sont maintenant connectés
Sur chacune des recettes du livre, vous découvrirez un QR code :

Vous ne savez pas encore ce que c'est ? Ne paniquez pas !
Cherchez simplement en bas de page ce petit symbole et dirigez vers lui la caméra de votre téléphone.
Vous accéderez ainsi à la vidéo dans l'application Chefclub.

Bonne lecture et bon appétit !

L'équipe Chefclub

ENFIN
AU
DESSERT !

LE FONDANT ZÉBRÉ

IL SE CAMOUFLE MAIS ÉCHAPPERA-T-IL À SES PRÉDATEURS GOURMANDS ?

4 PERSONNES

PRÉPARATION
25 minutes

INGRÉDIENTS
Pour 4 fondants
100 g de chocolat noir
150 g de beurre
4 œufs
80 g de sucre
80 g de farine
10 Kinder®

MATÉRIEL
1 fouet
4 ramequins

1 Faire fondre au bain-marie le chocolat et le beurre puis fouetter les œufs et le sucre jusqu'à ce que le mélange blanchisse. Incorporer ensuite la farine et le chocolat fondu (1). Mélanger la préparation jusqu'à obtention d'une pâte lisse.

2 Remplir les ramequins aux 3/4 de pâte puis placer 2 carrés de Kinder® au centre (2). Recouvrir ensuite tous les ramequins avec le reste de pâte et les enfourner 5 minutes à 200 °C.

3 À la sortie du four, déposer de fines tranches des Kinder® restants sur les fondants (3). Laisser fondre le chocolat quelques instants puis déguster encore tiède (4).

ASTUCE CHEFCLUB
Gagnez du temps en chauffant votre mélange beurre-chocolat au micro-ondes par intervalles de 30 secondes. Un jeu d'enfant !

1

2

3

4

L'ANANAS SURPRISE

IL TROMPERA VOTRE ŒIL MAIS PAS VOS PAPILLES !

4 PERSONNES

PRÉPARATION
20 minutes

INGRÉDIENTS
1 ananas
125 g de mascarpone
30 g de sucre glace
1/2 citron vert
8 biscuits à la cuillère
Noix de pécan

MATÉRIEL
Film alimentaire

1 Retirer les feuilles de l'ananas sans les jeter puis le couper en 2 sur la hauteur (1). Évider une des moitiés d'ananas. Découper la chair retirée en dés, conserver la peau comme contenant (2) et réserver l'excédent de jus dans un récipient. Mélanger ensuite le mascarpone, les dés d'ananas, le sucre glace et quelques zestes de citron vert (3).

2 Placer du film alimentaire dans la moitié d'ananas vide. Couper les biscuits à la cuillère en 2 puis les tremper dans le jus d'ananas (4). Placer des demi-biscuits imbibés verticalement le long des parois du fruit (5) puis remplir l'ananas en alternant couches de crème (6) et couches de biscuits. Refermer le film et placer l'ananas 30 minutes au réfrigérateur.

3 Démouler en retirant le film alimentaire puis retourner le gâteau. Disposer ensuite les feuilles de l'ananas pour recréer la forme du fruit puis recouvrir le gâteau avec le reste de crème (7) et les noix de pécan (8). Déguster frais (9).

ASTUCE CHEFCLUB
Avec la moitié restante de l'ananas, réalisez un sorbet express. Coupez la chair en dés et laissez-la reposer au moins 2 h au congélateur. Passez-la ensuite au mixeur avec le jus du citron vert et régalez-vous !

1
2
3
4
5
6
7
8
9

LA BÛCHE CHOCOLAT

INCONTOURNABLE ET SANS EMBÛCHE !

8 PERSONNES

PRÉPARATION
30 minutes

INGRÉDIENTS
1,2 L de crème liquide entière
2 c. à s. de Nutella®
1 c. à s. de lait concentré
8 Kinder® Bueno
200 g de chocolat noir
100 g de chocolat blanc
8 Kinder® Mini

MATÉRIEL
1 bouteille en plastique
1 rouleau de Scotch®
1 fouet électrique
1 grille de four

1 Découper le haut de la bouteille pour retirer la partie étroite (1). Découper ensuite la bouteille en 2 dans le sens de la hauteur. Former le moule en emboîtant les 2 morceaux de bouteille (2) puis fixer avec du Scotch®.

2 Monter 90 cl de crème froide en chantilly au fouet électrique puis incorporer délicatement le Nutella® et le lait concentré (3). Remplir le moule à mi-hauteur de crème puis disposer 2 Kinder Bueno® au centre. Recouvrir ensuite avec le reste de la préparation (4). Disposer les Kinder Bueno® restants retournés sur le haut de la bûche (5) puis la placer 4 heures au congélateur.

3 Faire chauffer le reste de crème liquide et faire fondre les chocolats blanc et noir séparément. Mélanger ensuite 20 cl de crème chaude avec le chocolat noir et 10 cl avec le chocolat blanc. Retourner la bûche glacée sur la grille puis démouler en retirant le Scotch® et en faisant glisser les 2 morceaux de bouteille.

4 Verser le glaçage au chocolat noir sur toute la bûche (6) puis, à l'aide d'une cuillère, décorer avec des traits de chocolat blanc fondu (7) et des Kinder® Mini (8). Déguster frais (9).

ASTUCE CHEFCLUB
Pour avoir un résultat parfait, assurez-vous que votre glaçage ne soit pas trop chaud et que votre bûche soit bien glacée.

1

2

3

4

5

6

7

8

9

LA CUP CHURROS

CHICHIS OU CHURROS ? ELLE VA METTRE TOUT LE MONDE D'ACCORD !

6 PERSONNES

PRÉPARATION
25 minutes

INGRÉDIENTS
Pour 6 cups
25 cl d'eau
60 g de beurre
70 g de sucre
225 g de farine
2 œufs
50 cl d'huile végétale
Cannelle
Nappage chocolat
Glace à la vanille

MATÉRIEL
1 poche à douille
1 douille cannelée
1 moule à muffins
1 casserole

1 Verser l'eau dans la casserole, ajouter le beurre et 30 g de sucre puis porter à ébullition. Quand l'eau bout, baisser le feu, ajouter la farine et mélanger jusqu'à obtention d'une pâte bien compacte (1). Éteindre le feu, laisser refroidir puis incorporer les œufs. Placer ensuite la pâte dans la poche à douille.

2 Retourner le moule à muffins et déposer la pâte en cercle autour des compartiments sans que les bords ne se touchent (2). Placer 40 minutes au congélateur puis démouler les cups churros. Faire frire quelques minutes à l'huile bouillante les coupelles puis les retirer quand elles sont bien dorées. Éponger l'excédent d'huile sur une feuille de papier absorbant.

3 Mélanger le sucre restant avec un peu de cannelle puis y rouler les cups churros. Verser du nappage chocolat au fond de chaque coupelle puis recouvrir avec une boule de glace à la vanille (3). Décorer avec du chocolat et déguster (4).

ASTUCE CHEFCLUB
Si vous n'avez pas de moule à muffins, vous pouvez utiliser la même technique sur des petits bols retournés. C'est aussi pratique lorsqu'on n'a pas beaucoup de place dans son congélateur.

1

2

3

4

LE GÂTEAU AU CHOCOLAT KITKAT®

C'EST L'HEURE DE LA PAUSE !

8 PERSONNES

PRÉPARATION
30 minutes

INGRÉDIENTS
750 g de KitKat®
50 g de beurre
33 cl de crème liquide entière
300 g de fromage à tartiner
230 g de chocolat noir
30 g de chocolat blanc
30 g de KitKat® Ball

MATÉRIEL
1 sac de congélation
1 rouleau à pâtisserie
1 maryse
1 fouet électrique
1 moule à charnière (Ø 20 cm)

1 Préparation de la base du gâteau :
Faire fondre le beurre puis placer 350 g de KitKat® dans le sac de congélation, refermer et écraser le tout à l'aide du rouleau à pâtisserie pour obtenir une poudre (1). Mélanger ensuite avec le beurre fondu (2) puis étaler le mélange au fond du moule beurré (3). Disposer le reste des KitKat® verticalement sur le pourtour du moule pour créer les bords du gâteau (4).

2 Préparation de la mousse :
Faire fondre 200 g de chocolat noir au bain-marie. Monter la crème liquide bien froide en chantilly avec le fouet électrique puis ajouter le fromage à tartiner sans arrêter de fouetter jusqu'à obtention d'une mousse onctueuse. Incorporer délicatement à la maryse le chocolat fondu au mélange (5).

3 Assemblage du gâteau :
Étaler et lisser la mousse au chocolat dans le moule (6) puis réserver 3 heures au réfrigérateur. Avec la pointe d'un couteau, réaliser des copeaux de chocolat blanc et noir (7) puis démouler le gâteau. Décorer le gâteau avec les copeaux de chocolat et les KitKat® Ball (8). Déguster frais (9).

ASTUCE CHEFCLUB
Pour faire de beaux copeaux sans avoir les mains recouvertes de chocolat, placez les tablettes de chocolat 5 minutes au congélateur. Si le maniement de la pointe de couteau vous effraie, utilisez un épluche-légumes et pelez la tablette comme une pomme !

1

2

3

4

5

6

7

8

9

LES FRAISES BI-GOÛT

LE CHOCOLAT ET LA VANILLE S'ENLACENT DANS UNE FRAISE À CROQUER...

4 PERSONNES

PRÉPARATION
25 minutes

INGRÉDIENTS
Pour 8 fraises bi-goût
8 grosses fraises
8 spéculoos
100 g de chocolat noir
15 cl de crème liquide
20 g de cassonade
60 g de fromage à tartiner
1 c. à c. d'extrait de vanille

MATÉRIEL
4 sacs de congélation
1 fouet électrique

1 Passer les fraises sous l'eau puis couper leurs extrémités (la pointe et le chapeau). Évider ensuite les fraises à l'aide d'un couteau (1).

2 Faire fondre le chocolat puis placer les spéculoos dans un sac de congélation et les réduire en poudre. Tremper ensuite les fraises dans le chocolat fondu puis dans la poudre de spéculoos.

3 Fouetter la crème liquide, la cassonade, l'extrait de vanille et le fromage à tartiner jusqu'à obtention d'une mousse onctueuse. Diviser la mousse en 2 et incorporer délicatement le chocolat fondu à l'une des 2 mousses (2).

4 Placer chaque mousse dans un sac de congélation puis les réunir dans un troisième (3). Couper le coin des 3 sacs, et s'en servir de poche à douille pour remplir les fraises de mousse bicolore (4). Déguster frais.

ASTUCE CHEFCLUB
La fraise est un des aliments dits « à calorie négative ». Notre corps va dépenser plus d'énergie pour la digérer qu'elle n'en apporte. C'est également le cas du citron, du melon et de la mangue, ainsi que du brocoli, du poireau et du concombre.

1

2

3

4

LE PAIN PERDU NESQUIK®

UN DÉLICIEUX RETOUR EN ENFANCE

4 PERSONNES

PRÉPARATION
20 minutes

INGRÉDIENTS
Pour 4 pains perdus
1 brioche non tranchée
100 g de chocolat noir
4 c. à s. de sucre
4 c. à s. de poudre chocolatée Nesquik®
2 œufs
20 cl de lait
30 g de beurre
2 bananes
Crème chantilly
Pépites de chocolat

MATÉRIEL
1 fouet

1 Couper 4 tranches de 4 cm d'épaisseur dans la brioche. Faire une entaille au centre de chaque tranche et y insérer 2 barres de chocolat (1).

2 Dans un plat, mélanger le sucre, le Nesquik®, les œufs et le lait (2). Tremper les tranches de brioche dans ce mélange.

3 Faire fondre le beurre dans une poêle puis y cuire les pains perdus en les retournant régulièrement afin d'obtenir une cuisson uniforme (3). Décorer ensuite avec des rondelles de banane, de la chantilly et des pépites de chocolat. Déguster encore chaud (4).

ASTUCE CHEFCLUB
Pour éviter que votre pain ne soit non seulement perdu, mais aussi cramé, rajoutez toujours un peu d'huile végétale à votre beurre de cuisson. Ce mélange évitera à votre beurre de noircir et garantira une belle coloration sur votre pain. Et c'est valable pour toutes vos cuissons !

1

2

3

4

LE TIRAMISÙ POMMES ET CARAMEL BEURRE SALÉ

SUPER RAPIDE À FAIRE… ET À DÉGUSTER !

4 PERSONNES

PRÉPARATION
20 minutes

INGRÉDIENTS

Pour 4 tiramisù
14 spéculoos
160 g de compote de pommes
1 pomme
4 œufs
40 g de sucre
320 g de mascarpone
Caramel au beurre salé

MATÉRIEL
4 verrines
1 fouet électrique

1 Concasser 7 spéculoos en petits éclats et les répartir au fond des verrines. Ajouter dans chaque verrine 2 c. à s. de compote et quelques dés de pomme (1). Recouvrir avec une couche de caramel au beurre salé (2) et réserver.

2 Séparer les blancs des jaunes d'œufs puis battre au fouet électrique les jaunes avec le sucre et le mascarpone (3).

3 Monter les blancs en neige puis les incorporer délicatement au mélange. Remplir ensuite les verrines avec la mousse obtenue et saupoudrer le dessus avec 3 biscuits réduits en poudre. Planter un spéculoos au centre de chaque verrine pour décorer (4) puis déguster frais.

ASTUCE CHEFCLUB
Si vous voulez réussir vos œufs en neige à coup sûr, n'utilisez pas des œufs trop frais, pondus trop récemment ! Aussi, avant de mettre en route votre fouet, ajoutez 2 gouttes de jus de citron, le résultat sera garanti !

1

2

3

lotus
4

CHOCO-CUP

UNE MOUSSE À CROQUER, TOUT DOIT DISPARAÎTRE !

6 PERSONNES

PRÉPARATION
45 minutes

INGRÉDIENTS
Pour 6 tasses
180 g de chocolat noir
4 blancs d'œufs
60 g de sucre
1 pâte sablée
Nappage caramel
Crème chantilly
Cacao en poudre

MATÉRIEL
1 verre
1 moule à muffins
1 plaque allant au four

1 Préparation de la mousse au chocolat :
Faire fondre 160 g de chocolat au bain-marie. Monter les blancs d'œufs en neige puis ajouter le sucre et incorporer délicatement le chocolat fondu (1). Réserver 30 minutes au réfrigérateur.

2 Préparation des petites tasses :
Dans la pâte sablée, découper 6 disques à l'aide du verre retourné puis 6 grands rectangles (20 cm x 5 cm) et 6 petits rectangles (8 cm x 2 cm). Placer un disque de pâte au fond de chaque compartiment du moule à muffins, puis disposer un grand rectangle de pâte pour recouvrir les parois. Former ensuite des « U » avec les petits rectangles (2). Enfourner le moule sur la plaque 10 minutes à 190 °C puis ajouter les « U » sur la plaque et cuire 5 minutes supplémentaires.

3 Assemblage :
Démouler délicatement la pâte sablée et laisser entièrement refroidir. Remplir les tasses avec la mousse au chocolat puis verser une couche de nappage caramel (3). Fixer les anses des tasses avec un peu de chocolat noir fondu. Décorer avec de la chantilly puis saupoudrer de cacao en poudre et déguster (4).

ASTUCE CHEFCLUB
Pour alléger cette recette, préparez une mousse au chocolat à l'eau. Faites fondre 250 g de chocolat noir avec 200 g d'eau. Posez le bol dans votre évier rempli de glaçons et fouettez. Soyez patient, le résultat est bluffant !

1

2

3

4

LES SABLÉS AQUARIUM

UN GOÛTER MAGIQUE POUR LES PETITS ET LES GRANDS !

6 PERSONNES

PRÉPARATION

30 minutes

INGRÉDIENTS

4 pâtes sablées
100 g de bonbons oursons
100 g de chocolat blanc
Mini Smarties®
Perles multicolores en sucre
Décorations en sucre

MATÉRIEL

1 ramequin
1 verre
1 plaque allant au four
Papier cuisson

1 Superposer les pâtes sablées 2 par 2 et découper des disques avec le ramequin retourné (1). À l'aide du verre retourné, trouer le centre de chaque disque. Placer les anneaux obtenus sur la plaque recouverte de papier cuisson.

2 Déposer 2 bonbons oursons de même couleur au centre de chaque anneau et enfourner 15 minutes à 180 °C. Laisser refroidir puis garnir la moitié des sablés avec les Mini Smarties®, les perles multicolores et les décorations en sucre (2).

3 Faire fondre le chocolat au micro-ondes par intervalles de 30 secondes. Découper un triangle dans le papier cuisson, former un cornet puis le remplir avec le chocolat fondu. Couper le coin inférieur du cornet et verser du chocolat fondu sur le pourtour des sablés décorés (3). Refermer les biscuits avec les sablés non décorés. Laisser le chocolat durcir puis déguster (4).

ASTUCE CHEFCLUB

Plus de chocolat dans vos placards ? Pas de problème, vous pouvez utiliser du blanc d'œuf pour coller les disques de pâte sablée entre eux !

1

2

3

4

LA TARTE SCHOKO-BONS®

C'EST TROP BON...

6 PERSONNES

PRÉPARATION
25 minutes

INGRÉDIENTS
100 g de petits-beurre
50 g de beurre
2 c. à s. de Nutella®
33 cl de crème liquide entière
1 paquet de Schoko-Bons®
30 g de cassonade
180 g de mascarpone

MATÉRIEL
1 moule à charnière (Ø 20 cm)
1 fouet électrique
1 maryse

1 Mélanger les petits-beurre concassés avec le beurre fondu et le Nutella® (1) puis étaler le mélange au fond du moule (2). Réserver ensuite 1 heure au réfrigérateur.

2 Monter la crème liquide bien froide en chantilly avec le fouet électrique. Ajouter la cassonade et le mascarpone et battre à nouveau. Casser ensuite 15 Schoko-Bons® en petits morceaux puis, à l'aide de la maryse, les incorporer délicatement à la crème (3).

3 Ouvrir les Schoko-Bons® restants en 2 dans le sens de la longueur puis couper l'une des extrémités arrondies des demi-sphères. Étaler ensuite la crème dans le moule puis déposer les demi-Schoko-Bons® découpés sur le pourtour du gâteau. Placer 1 heure au réfrigérateur, démouler et déguster frais (4).

ASTUCE CHEFCLUB
Écrasez les biscuits et les Schoko-Bons® sans mettre de miettes dans la cuisine en les plaçant dans des sacs de congélation. Donnez ensuite des petits coups à l'aide d'un rouleau à pâtisserie !

1

2

3

4

LE FRAISIER GLACÉ

SON CŒUR EST GLACIAL MAIS ON NE PEUT S'EMPÊCHER DE L'AIMER !

8 PERSONNES

PRÉPARATION
25 minutes

INGRÉDIENTS
150 g de glace à la fraise
75 g de glace à la vanille
75 g de glace au chocolat
250 g de fraises
250 g de mascarpone
50 cl de crème liquide entière
70 g de sucre glace
200 g de spéculoos

MATÉRIEL
Film alimentaire
1 moule à cake
1 fouet électrique

1 Sur un rectangle de film alimentaire, disposer côte à côte une boule de glace à la fraise, une boule à la vanille, une boule au chocolat et une dernière de glace à la fraise (1). Enrouler le film et serrer pour former un boudin (2) puis le placer 10 minutes au congélateur.

2 Couper les fraises en fines tranches et les disposer sur les parois du moule (3). Battre au fouet le mascarpone, la crème liquide froide et le sucre glace (4). Étaler ensuite la moitié de la mousse dans le fond du moule (5).

3 Sortir le boudin du congélateur, retirer le film alimentaire et placer le boudin au centre du moule (6). Recouvrir avec le reste de la préparation (7). Disposer les spéculoos retournés sur le dessus (8) puis placer 4 heures au congélateur. Démouler et déguster frais (9).

ASTUCE CHEFCLUB
Pour démouler facilement la préparation, 2 solutions : passez la base de la terrine sous l'eau tiède pendant quelques secondes. Autrement, vous pouvez dès le début tapisser votre moule de film alimentaire en le faisant dépasser de chaque côté : vous n'aurez qu'à tirer sur le film pour démouler !

1
2
3
4
5
6
7
8
9

LA FONDUE 3 CHOCOLATS

AU RISQUE DE FAIRE FONDRE VOS TABLETTES !

6 PERSONNES

PRÉPARATION
50 minutes

INGRÉDIENTS
2 bananes
250 g de farine
160 g de sucre
1 sachet de levure
85 g de beurre
2 c. à s. de lait
4 œufs
200 g de chocolat blanc
200 g de chocolat au lait
200 g de chocolat noir
Fruits de saison

MATÉRIEL
1 moule à cake
1 saladier

1 Éplucher les bananes (1) et les écraser dans un saladier. Incorporer la farine, le sucre, la levure, le beurre fondu et le lait. Ajouter ensuite les œufs (2) puis mélanger à nouveau. Verser la pâte dans le moule à cake (3) et enfourner 45 minutes à 165 °C.

2 À la sortie du four, couper le dessus du gâteau (4). Creuser 3 trous carrés dans le gâteau et couper les chutes en bâtonnets (5).

3 Faire fondre le chocolat blanc, le chocolat au lait et le chocolat noir (6) séparément puis remplir chaque cavité avec un chocolat (7). Déguster la fondue en trempant les bâtonnets de gâteau et des fruits dans les chocolats fondus (8-9).

ASTUCE CHEFCLUB
Pour un cake ultra-moelleux, remplacez le sucre par du miel. Le miel a un pouvoir sucrant bien supérieur à celui du sucre, il faudra donc utiliser 80 g de miel dans cette recette par exemple !

1
2
3
4
5
6
7
8
9

LA CLAFOUTIS PARTY

EN DESSERT, APRÈS LA RACLETTE… OU PAS !

6 PERSONNES

PRÉPARATION
15 minutes

INGRÉDIENTS
60 g de beurre
3 œufs
40 g de sucre
350 g de farine
50 cl de lait
100 g de caramels mous
100 g de Schoko-Bons®
100 g de M&M's®
Fruits de saison
Nappage caramel
Chantilly
Pâte à tartiner

MATÉRIEL
1 fouet électrique
1 appareil à raclette

1 Faire fondre le beurre et séparer les blancs des jaunes d'œufs. Mélanger les jaunes avec le sucre et le beurre fondu. Ajouter ensuite progressivement la farine et le lait (1).

2 Monter les blancs d'œufs en neige puis les incorporer délicatement à la préparation et mélanger jusqu'à obtention d'une texture homogène.

3 Verser la pâte dans les poêlons (2) et les garnir avec des caramels mous, des morceaux de fruits, des Schoko-Bons® et des M&M's® (3). Placer les poêlons dans l'appareil à raclette et faire cuire jusqu'à ce que la pâte soit dorée. Déguster en ajoutant du nappage caramel, de la chantilly ou de la pâte à tartiner (4).

ASTUCE CHEFCLUB
Variez et optez pour une clafoutis party salée en remplaçant le sucre par une belle pincée de sel dans votre appareil à clafoutis. Jonglez avec les ingrédients de votre choix : lardons, courgettes, oignons, tomates cerises... Il y en aura pour tous les goûts !

1

2

3

4

LES CHOCOLATS CUBES

DE MAGNIFIQUES PETITS CUBES FAÇON SNICKERS®

6 PERSONNES

PRÉPARATION
25 minutes

INGRÉDIENTS
350 g de chocolat blanc
1 c. à c. de colorant rouge
1 c. à c. de colorant bleu
80 g de cacahuètes non salées
100 g de caramel

MATÉRIEL
1 spatule
1 bac à glaçons
2 bols
1 saladier

1 Faire fondre 300 g de chocolat blanc par intervalles de 30 secondes au micro-ondes. Verser 1/4 du chocolat fondu dans chacun des bols (1). Incorporer ensuite le colorant rouge dans un bol et le colorant bleu dans l'autre. Bien mélanger (2). Conserver le reste de chocolat fondu dans le saladier.

2 À l'aide d'une cuillère, dessiner des traits rouges et bleus sur le saladier de chocolat fondu restant (3). Secouer délicatement le saladier pour mélanger les couleurs. Verser la préparation dans le bac à glaçons (4) puis retourner pour que le chocolat ne reste que sur les parois des compartiments. Lisser ensuite le dessus à la spatule. Réserver 15 minutes au congélateur.

3 À la sortie du congélateur, disposer quelques cacahuètes dans chaque compartiment (5) et les recouvrir d'une couche de caramel (6). Faire fondre ensuite le chocolat blanc restant et le verser sur le bac à glaçons pour refermer tous les cubes (7). Lisser à la spatule puis placer le bac 20 minutes au congélateur. Démouler les cubes et déguster encore frais (8-9).

ASTUCE CHEFCLUB
La température idéale pour travailler le chocolat est 30 °C ! Sans thermomètre, il vous suffit de déposer un peu de chocolat sur vos lèvres, la sensation doit être très supportable, et ne doit en aucun cas vous brûler.

1
2
3
4
5
6
7
8
9

LES MINI-SORBETS TRICOLORES

ÉDITION COUPE DU MONDE 2018, BRAVO LA FRANCE !

4 PERSONNES

PRÉPARATION
20 minutes

INGRÉDIENTS
Pour 4 mini-sorbets
6 petits-suisses
70 g de myrtilles
3 c. à s. de sucre
200 g de pastèque

MATÉRIEL
1 mixeur
4 bâtonnets de glace

1 Démouler 4 petits-suisses et conserver les pots vides. Mixer un petit-suisse avec les myrtilles et 1 c. à s. de sucre (1). Répartir équitablement le mélange dans les 4 pots vides (2) puis les placer 30 minutes au congélateur.

2 Mixer 2 petits-suisses avec 1 c. à s. de sucre. Répartir équitablement le mélange dans les pots puis les placer à nouveau 30 minutes au congélateur.

3 Éplucher et découper la pastèque en morceaux (3). Mixer la chair avec le dernier petit-suisse et 1 c. à s. de sucre. Répartir équitablement le mélange puis planter un bâtonnet de glace dans chaque pot. Placer les sorbets une dernière fois 30 minutes au congélateur et déguster frais (4).

ASTUCE CHEFCLUB
Pour parfaire votre dessert, vous pouvez battre en chantilly vos 2 petits-suisses restants avec 40 cl de crème liquide et 80 g de sucre. Pour encore plus de gourmandise, versez un coulis de fruits sur la chantilly !

1

2

3

4

LE BOMBAMISÙ

UNE ARME DE DÉGUSTATION MASSIVE…

4 PERSONNES

PRÉPARATION

40 minutes

INGRÉDIENTS

Pour 4 Bombamisù
440 g de farine
60 g de cassonade
8 œufs
120 g de beurre
16 g de levure boulangère
30 cl d'eau tiède
60 g de sucre
300 g de mascarpone
1 expresso
Cacao en poudre

MATÉRIEL

Film alimentaire
1 fouet électrique
1 plaque allant au four
Papier cuisson

1 Mélanger à la main la farine, la cassonade, 4 œufs, le beurre mou, la levure boulangère et l'eau tiède (1). Saupoudrer de la farine sur le plan de travail et façonner une boule avec la pâte (2). L'envelopper de film alimentaire et la laisser reposer 1 heure.

2 Séparer les blancs des jaunes d'œufs restants puis battre au fouet électrique les jaunes avec le sucre et le mascarpone. Monter ensuite les blancs en neige et les incorporer délicatement à la préparation. Placer 30 minutes au réfrigérateur.

3 Retirer le film alimentaire et couper la boule de pâte en 8. Former 8 boules et les disposer sur la plaque recouverte de papier cuisson. Enfourner 25 minutes à 180 °C puis laisser refroidir (3). Retourner les brioches et creuser l'intérieur à l'aide d'un couteau.

4 Verser 1 c. à c. d'expresso froid à l'intérieur de 4 brioches puis les garnir généreusement de crème. Refermer ensuite avec les brioches restantes, saupoudrer de cacao et déguster (4).

ASTUCE CHEFCLUB

Pour des blancs en neige rapides, sortez vos œufs à l'avance et laissez-les reposer pendant quelques heures à température ambiante. Ils monteront plus vite !

1

2

3

4

LES PETITES TORTUES AUX POMMES

À DÉGUSTER TRÈS TRÈS LENTEMENT

6 PERSONNES

PRÉPARATION
40 minutes

INGRÉDIENTS
Pour 6 tortues
80 g de cassonade
6 c. à c. de cannelle
80 g de beurre
2 pâtes feuilletées
6 c. à s. de compote de pommes
2 pommes
Glace à la vanille
Nappage caramel

MATÉRIEL
1 rouleau à pâtisserie
1 ramequin
1 plaque allant au four
Papier cuisson
1 cuillère à glace

1 Mélanger la cassonade, la cannelle et le beurre fondu (1). Étaler équitablement le mélange sur les pâtes feuilletées (2) puis enrouler les pâtes sur elles-mêmes. Placer 30 minutes au congélateur.

2 À la sortie du congélateur, découper les 2 rouleaux en tranches d'environ 1 cm (3). Disposer ensuite les tranches côte à côte sur une feuille de papier cuisson (4). Recouvrir l'ensemble d'une seconde feuille puis étaler avec le rouleau à pâtisserie (5).

3 Découper 12 disques dans les pâtes avec le ramequin retourné (6). Déposer 1 c. à s. de compote et des dés de pomme sur la moitié des disques (7) puis les recouvrir avec les disques restants (8). Enfourner 20 minutes à 190 °C sur la plaque recouverte de papier cuisson. Déguster les tortues bien chaudes accompagnées d'une boule de glace à la vanille et de nappage caramel (9).

ASTUCE CHEFCLUB
Pour avoir une glace plus maléable et sans cristaux, rangez votre bac dans un sac de congélation. Aidez-vous aussi d'une cuillère à glace trempée dans l'eau chaude pour former de belles boules.

1

2

3

4

5

6

7

8

9

LE CAFÉ GOURMAND

LE VRAI !

4 PERSONNES

PRÉPARATION
15 minutes

INGRÉDIENTS
Pour 4 cafés gourmands
200 g de chocolat au lait
4 cornets de glace
4 expressos
Perles multicolores en sucre
Crème chantilly
Cacao en poudre

MATÉRIEL
4 pailles

1 Faire fondre le chocolat au bain-marie (1). Recouvrir l'intérieur des cornets avec le chocolat (2) puis retourner les cornets au-dessus d'un ramequin pour récupérer et conserver le surplus de chocolat. Placer les cornets 10 minutes au réfrigérateur.

2 Tremper le bord des cornets dans le reste de chocolat fondu puis dans les perles en sucre. Verser ensuite un expresso dans chaque cornet (3).

3 Ajouter de la crème chantilly puis saupoudrer de cacao en poudre. Déguster à la paille (4).

ASTUCE CHEFCLUB
Récupérez le marc de café et placez-le dans un ramequin près des aliments dégageant une forte odeur dans votre réfrigérateur. Mettez-le dans votre évier une fois qu'il est entièrement sec, il est en plus très bon pour les canalisations. Gloire à l'Arabica !

1

2

3

4

LE COOKIE SURPRISE

DIFFICILE DE RÉSISTER À SON CŒUR COULANT...

6 PERSONNES

PRÉPARATION
40 minutes

INGRÉDIENTS
200 g de beurre
200 g de cassonade
3 œufs
350 g de farine
300 g de pépites de chocolat
250 g de Kinder®

MATÉRIEL
1 plaque allant au four
Papier cuisson
1 moule rond
(Ø 20 cm)

1 Dans un bol, mélanger le beurre légèrement ramolli, la cassonade et les œufs. Ajouter ensuite la farine et les pépites de chocolat (1).

2 Sur la plaque recouverte de papier cuisson, former un disque avec la moitié de la pâte à cookie et le placer 30 minutes au réfrigérateur. À la sortie du réfrigérateur, découper un cercle régulier à l'aide d'un couteau en utilisant une assiette retournée.

3 Beurrer le moule puis le tapisser avec l'autre moitié de pâte à cookie (2). Disposer ensuite les Kinder® en cercle au fond du moule et les recouvrir avec le disque de pâte pour refermer le cookie géant (3). Enfourner 25 minutes à 180 °C, démouler le cookie géant et le déguster encore chaud (4).

ASTUCE CHEFCLUB
Pour un cookie mou, utilisez de la farine à pain. Pour un effet cake, rajoutez du bicarbonate de soude. Enfin, pour un cookie croquant au cœur moelleux, ajoutez un peu de levure chimique et la même quantité de bicarbonate de soude.

1

kinder
2

3

kinder
4

L'ULTIME FONDANT CHOCOLAT

UN SOUFFLÉ QUI VA VOUS FAIRE FONDRE DE PLAISIR...

6 PERSONNES

PRÉPARATION
25 minutes

INGRÉDIENTS
Pour 6 soufflés
50 g de beurre
70 g de cassonade
4 œufs
300 g de Nutella®
6 Magnum® Mini

MATÉRIEL
6 ramequins
Papier cuisson
1 agrafeuse
Ficelle de cuisine
1 fouet électrique

1 Beurrer les ramequins et saupoudrer leur intérieur de cassonade (1). Enrouler une bande de papier cuisson autour des ramequins et les fixer avec une agrafe. Nouer ensuite un morceau de ficelle autour afin de maintenir le papier cuisson et d'obtenir des soufflés bien droits et homogènes.

2 Séparer les blancs des jaunes d'œufs puis monter les blancs en neige (2). Mélanger ensuite les jaunes et le Nutella® avec 1 c. à s. de blancs en neige. Incorporer délicatement le reste des blancs à la préparation puis verser le mélange dans les ramequins (3).

3 Enfourner 15 minutes à 200 °C. À la sortie du four, retirer le papier cuisson. Plonger les Magnum® Mini au centre de chaque fondant puis déguster (4).

ASTUCE CHEFCLUB

Vous n'avez pas de fouet électrique ? Prenez 2 fourchettes et croisez-les. Elles imiteront le mouvement du fouet. Un peu d'huile de coude et un soupçon de patience, et vous obtiendrez des blancs en neige bien fermes.

1

2

3

4

LES POIRES GOURMANDES

ET LEUR CŒUR FONDANT DE CHOCOLAT

4 PERSONNES

PRÉPARATION
25 minutes

INGRÉDIENTS
Pour 4 poires
2 poires
4 Lindor®
1 pâte feuilletée
1 citron
1 jaune d'œuf
Sucre glace

MATÉRIEL
1 cuillère parisienne
1 plaque allant au four
Papier cuisson
1 pinceau

1 Couper les poires en 2 (1) puis retirer les pépins à l'aide de la cuillère parisienne (2). Placer un Lindor® dans chaque trou (3).

2 Disposer les demi-poires retournées sur la pâte feuilletée. Détourer les poires à l'aide d'un couteau en laissant 1,5 cm de pâte autour des fruits (4). Disposer ensuite les poires avec leur pâte sur la plaque recouverte de papier cuisson puis décorer avec le reste de pâte feuilletée (5).

3 Inciser les poires dans le sens de la longueur et y ajouter quelques gouttes de jus de citron (6). Saupoudrer de sucre glace et badigeonner la pâte feuilletée de jaune d'œuf à l'aide du pinceau (7). Enfourner ensuite 15 minutes à 180 °C et déguster encore chaud (8-9).

ASTUCE CHEFCLUB
Pour découper plus facilement la pâte feuilletée, placez-la au congélateur juste avant de commencer la recette. Elle sera plus ferme et vous pourrez alors la tailler en un coup de couteau !

1

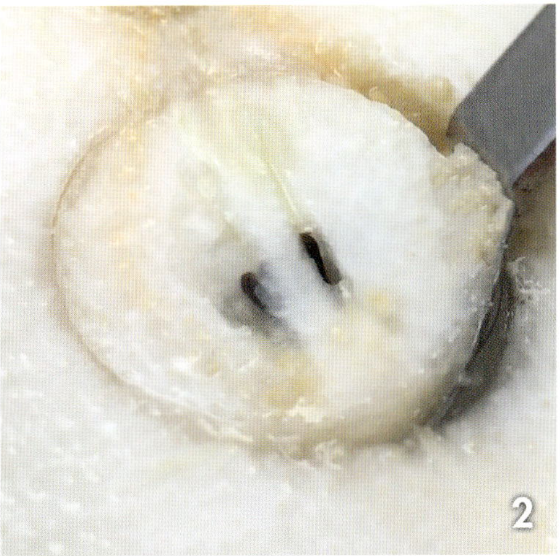
2

3

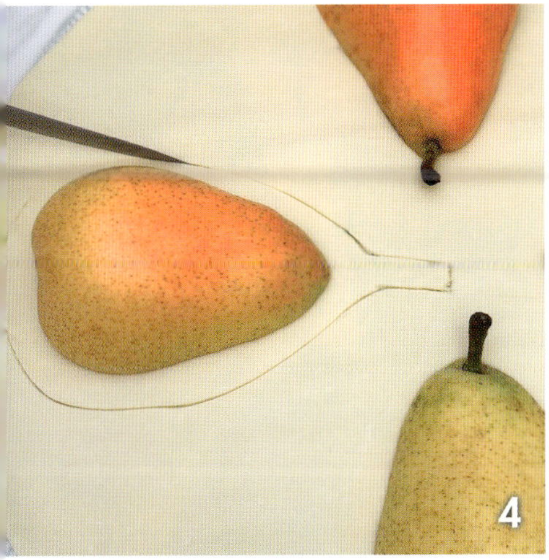
4

5

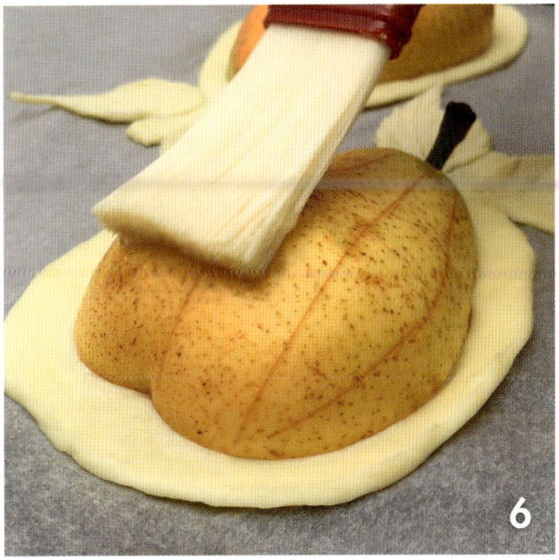
6

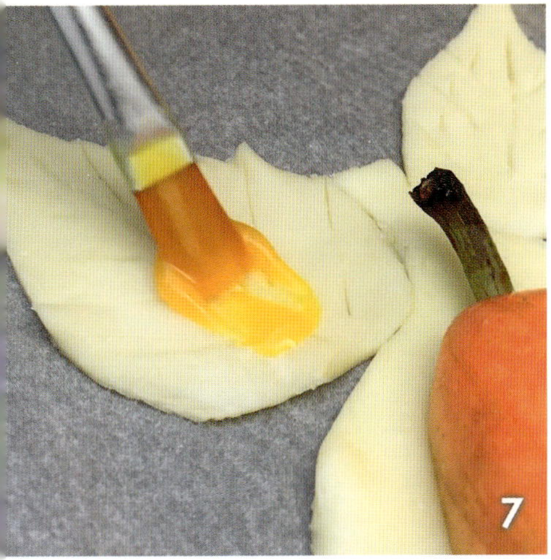
7

8

9

L'AUMÔNIÈRE DE LA CHANDELEUR

À DÉGUSTER TOUTE L'ANNÉE !

6 PERSONNES

PRÉPARATION
30 minutes

INGRÉDIENTS
Pour 6 aumônières
175 g de farine
100 g de Maïzena®
50 cl de lait
9 œufs
2 sachets de sucre vanillé Alsa®
125 g de sucre
175 g de beurre
250 g de chocolat noir

MATÉRIEL
1 fouet
6 ramequins
6 cure-dents

1 Préparation des crêpes :

Mélanger 100 g de farine et la Maïzena® dans le lait avec le fouet. Ajouter ensuite 4 œufs, le sucre vanillé et mélanger à nouveau (1). Cuire les crêpes de chaque côté dans une poêle bien chaude avec un peu de matière grasse (2).

2 Préparation des fondants au chocolat :

Battre les 5 œufs restants et le sucre au fouet. Faire fondre le beurre et le chocolat puis les incorporer à la préparation et mélanger à nouveau (3). Terminer en incorporant 75 g de farine.

3 Assemblage :

Disposer une crêpe dans chaque ramequin pour former un petit puits. Verser ensuite la préparation chocolatée dans les ramequins (4-5) puis refermer chaque crêpe avec un cure-dent (6). Enfourner 6 minutes à 180 °C (7) et déguster tiède (8-9).

ASTUCE CHEFCLUB
Si vous voulez reproduire un effet coulant proche de l'éruption volcanique, passez les aumonières au congélateur pendant 1 heure avant la cuisson. Le mélange chocolaté aura durci et il cuira moins vite que la crêpe. Vous obtiendrez un cœur ultra-gourmand !

alsa
Sucre Vanillé des Isles
1
2
3
4
5
6
7
8
9

L'ÎLE FLOTTANTE GÉANTE

UN DESSERT PARADISIAQUE À PARTAGER

6 PERSONNES

PRÉPARATION
25 minutes

INGRÉDIENTS
250 g de sucre
10 cl d'eau
6 blancs d'œufs
25 cl de crème anglaise
15 g de nappage caramel

MATÉRIEL
1 grand saladier
1 fouet électrique

1 Dans une casserole, faire chauffer 200 g de sucre avec l'eau (1) et laisser cuire jusqu'à obtention d'un caramel liquide. À l'aide d'une cuillère, dessiner des traits de caramel sur le saladier retourné pour former une coque. Laisser durcir 5 minutes puis retirer la coque avec précaution (2).

2 Monter les blancs d'œufs en neige dans le saladier. Ajouter le sucre restant et battre à nouveau (3). Lisser le dessus des blancs à l'aide d'une cuillère et les faire chauffer 1 minute 30 au micro-ondes. Placer une assiette sur le saladier puis retourner pour démouler.

3 Disposer la coque en caramel sur les blancs d'œufs puis retourner le tout à l'aide d'une seconde assiette. Creuser ensuite un puits au centre des blancs et y verser la crème anglaise. Décorer avec un peu de nappage caramel et déguster frais (4).

ASTUCE CHEFCLUB
Pour vérifier la fraîcheur d'un œuf, plongez-le dans un verre d'eau fraîche. S'il touche le fond, il est ultra-frais ; s'il stagne au milieu, il est encore bon mais préférez-le dans des préparations cuites. En revanche, s'il flotte à la surface, gardez-le pour votre prochaine manif ! En résumé : plus l'œuf flotte, moins il est frais !

1

2

3

4

LE GÂTEAU DE LA FORTUNE

SUR QUELLE PART ALLEZ-VOUS TOMBER ?

6 PERSONNES

PRÉPARATION
40 minutes

INGRÉDIENTS
250 g de yaourt nature
260 g de sucre
255 g de farine
3 œufs
1 sachet de levure
40 g de cacao en poudre
50 cl de crème liquide entière
70 g de sucre glace
100 g de Nutella®
1 paquet de Mikado®
40 g de bonbons crocodiles
30 g de fraises Tagada®
4 barres de KitKat®
2 Kinder® Bueno
70 g de M&M's®
1 banane

MATÉRIEL
1 morceau de carton
Papier aluminium
1 moule à charnière (Ø 20 cm)
1 fouet électrique

1 Découper 3 bandes de carton de mêmes hauteur et largeur que le moule. Recouvrir les bandes de papier aluminium et faire une entaille au centre. Assembler les bandes de carton en étoile dans le moule (1).

2 Mélanger le yaourt, le sucre, la farine, les œufs et la levure jusqu'à obtention d'une pâte lisse. Séparer la pâte en 2 (2) et incorporer le cacao en poudre à l'une des pâtes. Verser ensuite alternativement les 2 préparations dans les 6 triangles du moule (3). Enfourner 25 minutes à 180 °C.

3 Monter la crème liquide bien froide et le sucre glace en chantilly avec le fouet électrique puis incorporer délicatement le Nutella® (4). À la sortie du four, démouler le gâteau (5), laisser refroidir puis le recouvrir de chantilly chocolatée (6).

4 Décorer le pourtour du gâteau avec la partie chocolatée des Mikado® (7). Délimiter les 6 parts du gâteau avec les Mikado® restants (8). Découper la banane en rondelles puis décorer chaque triangle avec une confiserie différente et placer les rondelles de banane sur le dernier. Déguster (9).

ASTUCE CHEFCLUB
Vous n'avez pas de verre-doseur sous la main ? Vous pouvez réaliser la pâte du gâteau en vous servant d'un pot de yaourt vide pour mesurer le sucre (2 pots) et la farine (3 pots).

1

2

3

4

5

6

7

8

9

MERCI

… Quel plaisir mais surtout quel honneur d'arriver au dessert !

Plus qu'un deuxième livre, il s'agit du début d'une collection d'ouvrages Chefclub portée par une équipe qui grandit grâce à vous : nous sommes maintenant un peu plus de 30 personnes rassemblées à Paris.

Notre mission n'a pas changé : tous les jours, nous tentons de vous surprendre devant une vidéo, vous amuser dans la cuisine ou vous régaler à table. Ce n'est pas de tout repos mais vos encouragements ne tarissent pas. Vous êtes en effet plus de 40 millions dans le monde à suivre Chefclub sur les réseaux sociaux et c'est un honneur de continuer l'aventure avec vous.

Amicalement,

L'équipe Chefclub

Chefclub

ENCORE FAIM ?

Découvrez, dans la même collection, tous les livres de recettes Chefclub.
De l'apéro au dessert : il y en a pour tous les goûts !

COLLECTION **À LA CARTE**

2018, Snacking Media
53, rue de Chabrol
75010 Paris - France

Dépot légal : août 2018
ISBN : 978-2-490129-10-2
Imprimé en Italie par Print Co en août 2018